Lectura Veloz

Cómo Aumentar Tu Velocidad De Lectura

(Aprende A Leer Y Entender Más Rápido)

Jeuel Ceja

Publicado Por Daniel Heath

© **Jeuel Ceja**

Todos los derechos reservados

Lectura Veloz: Cómo Aumentar Tu Velocidad De Lectura
(Aprende A Leer Y Entender Más Rápido)

ISBN 978-1-989808-79-5

Este documento está orientado a proporcionar información exacta y confiable con respecto al tema y asunto que trata. La publicación se vende con la idea de que el editor no esté obligado a prestar contabilidad, permitida oficialmente, u otros servicios cualificados. Si se necesita asesoramiento, legal o profesional, debería solicitar a una persona con experiencia en la profesión.

Desde una Declaración de Principios aceptada y aprobada tanto por un comité de la American Bar Association (el Colegio de Abogados de Estados Unidos) como por un comité de editores y asociaciones.

No se permite la reproducción, duplicado o transmisión de cualquier parte de este documento en cualquier medio electrónico o formato impreso. Se prohíbe de forma estricta la grabación de esta publicación así como tampoco se permite cualquier almacenamiento de este documento sin permiso escrito del editor. Todos los derechos reservados.

Se establece que la información que contiene este documento es veraz y coherente, ya que cualquier responsabilidad, en términos de falta de atención o de otro tipo, por el uso o abuso de cualquier política, proceso o dirección contenida en este documento será responsabilidad exclusiva y absoluta del lector receptor. Bajo ninguna circunstancia se hará responsable o culpable de forma legal al editor por cualquier reparación, daños o pérdida monetaria debido a la información aquí contenida, ya sea de forma directa o indirectamente.

Los respectivos autores son propietarios de todos los derechos de autor que no están en posesión del editor.

La información aquí contenida se ofrece únicamente con fines informativos y, como tal, es universal. La presentación de la información se realiza sin contrato ni ningún tipo de garantía.

Las marcas registradas utilizadas son sin ningún tipo de consentimiento y la publicación de la marca registrada es sin el permiso o respaldo del propietario de esta. Todas las marcas registradas y demás marcas incluidas en este libro son solo para fines de aclaración y son propiedad de los mismos propietarios, no están afiliadas a este documento.

TABLA DE CONTENIDO

Parte 1 1

Capítulo 1 2

Capítulo 2 5

Capítulo 3 7

Capítulo 4 10

Capítulo 5 13

TÉCNICA DE PAUTA MANUAL 13
SALTARSEPALABRASPEQUEÑAS 14
MINIMIZAR SUB-VOCALIZACIÓN 14
MANERAS PARA ELIMINAR LA SUB-VOCALIZACIÓN 15

Capítulo 6 18

AGRUPAR PALABRAS 19
"SKIMMING" 20
PROGRAMA ACCELAREADER EN EL INTERNET 20
REGRESIÓN 21
NIVELES DE CONCENTRACIÓN 22
LA VELOCIDAD DE LECTURA PROMEDIO ES DE 150-300 PALABRAS POR MINUTO. 24
LOS MECANISMOS DE LA LECTURA 25
PARTE A: PREPÁRASE A USTED MISMO 28
PARTE B: APRENDA LAS TÉCNICAS 30
FAMILIARÍCESE CON EL TEXTO 32
APRENDA EFICIENTES MOVIMIENTOS OCULARES 33
PARTE C: PLAN DE MANTENIMIENTO DE LECTURA RÁPIDA 36
   COMO INCREMENTAR LA HABILIAD DE QUE TUS OJOS PROCESEN INFORMACIÓN 53
COMO INCREMENTAR TU PROMEDIO DE ABSORCIÓN 56
   COMO INCREMENTAR LA HABILIDAD DE TÚ CEREBRO PARA COMPRENDER MIENTRAS LEES 58

Capítulo 7 74

SUGERENCIAS PARA LEER VELOZMENTE 74

Parte 2 77

Introducción 78

Capítulo 1: ¿Qué Es La Lectura Veloz? 80

¿QUÉ ES LA LECTURA RAPIDA? 80
LOS BENEFICIOS 82

Capítulo 2: Técnicas Para Ayudarlo A Acelerar La Lectura .. 84

ELIMINANDO DISTRACCIONES 86
NO HABLES, SOLO LEE 86
ELIMINANDO EL BARRIDO HACIA ATRÁS 87

Capítulo 3: Hábitos Diarios Para Mejorar La Velocidad De Lectura 89

LEER LIBROS 89
ESTABLECER UN RITMO 90
NO TE MOLESTES CON LAS COSAS PEQUEÑAS 90
PRUÉBATE 91

Capítulo 4: El Desafío De 21 Días Para Mejorar La Velocidad De Lectura 92

¿CÓMO HACERLO? 93

Capítulo 5: Técnicas De Lectura Rápida Que Funcionan Para Cualquiera 96

NO RESALTAR 97
APUNTES 97
AVANCE 97
ÁNGULOS DE LIBROS 98
FORMULANDO PREGUNTAS 98
TEMPRANO 99

Capítulo 6: Trucos Mentales Para Aumentar La Velocidad De Lectura 101

ESTAR OJO ALERTA 101

Estar Estresado 102
No Te Estreses En Las Palabras 102
Sub Vocalización 103

Conclusión 105

Parte 1

Capítulo 1

¡Imagina estar entre el top del 1 % de lectores en el mundo y ser capaz de leer 1,000 palabras por minuto (PPM) y comprender el 85 % de lo que acabas de leer! Estarás 800 palabras por encima del lector promedio quien solo lee 200 ppm y típicamente comprende el 60 %.

¿Alguna vez has amado un libro que simplemente has querido terminar de leerlo y comenzar a leerlo otra vez inmediatamente? Si aprendes a leer con velocidad entonces serás capaz de sin perder demasiado de tu precioso tiempo.

¿O eres un estudiante que tiene que leer libros que en realidad no quieres y solo desearías poder leerlo súper rápido y terminar con él pero aun así retener el contenido? Bien, aprender a leer velozmentetedaráexactamenteeso.

Hay varias técnicas que son usadas para mejorar la velocidad de lectura de un individuo. Fragmentar y eliminar o reducir la sub-vocalización son solo 2 técnicas comúnmente usadas. Aprender como leer velozmente te permitirá expandir tu visión para permitirte leer carias palabras de una simple mirada y te permitirá leer verticalmente, así como también horizontalmente sobre la página, permitiéndote abarcar diferentes párrafos de una sola vez.

Una pregunta común es ¿porqué no aprendemos a leer velozmente desde una edad temprana? La razón de esto es porque cuando estas aprendiendo a leer tienes que hacer que la palabra suene, al principio debes decirlas en voz alta y después, mientras tu lectura mejora, lees las palabras en tu cabeza. A esto se le llama subvocalización. Una vez que te conviertes en un lector eficiente es posible "des-aprender" esta habilidad para acelerar tu velocidad de lectura.

Algunos de los beneficios de leer velozmente son capacidad cerebral mejorada, habilidad de ganar más dinero, incrementar la confianza en uno mismo, incrementar la comprensión y, más importantemente, te dará más tiempo en tu día. Lo único en la vida que no importa que tan duro te esfuerces nunca podrás obtener más.

Continúa leyendo para averiguar cómo convertirte en un lector veloz y experimentar todos los beneficios y más. Sépaciente al aprendercomo leer con velocidad. Al principio puede que no comprendas gran parte de lo que estás leyendo al probar varias técnicas. Tu cerebro es propiciador de esta adaptación pero tomará un poco de tiempo para que ocurra. Todo lo que necesitas son 20 minutos al día para mejorar tu aptitud en velocidad de lectura.

Capítulo 2

La lectura veloz ha existido por un largo tiempo, desde principios del siglo 20. Esta fue una época cuando hubo un incremento de libros que eran publicados. Había más libros siendo publicados que gente que era capaz de leer, así que la gente empezó a crear maneras más rápidas para revisarlos todos. No está documentado nada sobre quien empezó a crear las técnicas de lectura veloz en ese entonces, pero existe documentación de Evelyn Wood.

Evelyn Wood fue una investigadora y una maestra de escuela en los 50's y es potencialmente la primer persona en descubrir la lectura de velocidad. En 1958 ella descubrió que el movimiento de barrido de su mano a través de la página capto la atención de sus ojos y fue capaz de leer el texto más rápido. Esto es ahora conocido como la técnica de pauta de mano y es usada alrededor del mundo para incrementar la velocidad de lectura de mucha gente. Ella después enseñó lo que había descubierto a estudiantes universitarios.

La fuerza aérea de los Estados Unidos implementó el taquistoscopio a su entrenamiento. Este dispositivo muestra una imagen por cierta cantidad de tiempo y después la remueve. Este fue usado para entrenar a pilotos a reconocer al enemigo más rápido y fue benéfico.

Capítulo 3

Previamente fue pensado que tus ojos se enfocan en letras específicas dentro de una palabra, ahora se entiende que tus ojos se enfocan en diferentes letras al mismo tiempo, usualmente dos caracteres separados. Tu cerebro ordena estas letras para formar la palabra como la ves. La idea de leer es ser capaz de entender lo que estás leyendo. Cuan bien comprendes lo que estás leyendo es determinado por tu velocidad de lectura, la amplitud de tu vocabulario y tu grado de familiaridad con la materia.

Los tres tipos diferentes de lectura determinarán cuan rápido lees un texto.

- Lectura mental (también conocida como sub vocalización) es hacer sonar cada palabra en tu cabeza mientras lees. Los lectores mentarles usualmente leen aproximadamente 250 palabras por minuto.
- Lectura Auditiva es hacer sonar las palabras y los lectores auditivos pueden leer aproximadamente 450 palabras

por minuto.
- Lectores visuales no necesitan hacer sonar la palabra- ellos entienden el significado de la palabra y los lectores visuales pueden leer aproximadamente 700 palabras por minuto.

Existen varias fases en el proceso de lectura, de acuerdo a Buzan. Todos estos procesos necesitan ser mejorados si quieres aprender como leer velozmente.

1. **Reconocimiento: El conocimiento de símbolos alfabéticos**
2. **Asimilación: El proceso físico en el cual luz es reflejada por la palabra, recibida por el ojo y transferida a través del nervio óptico hacia el cerebro.**
3. **Intra-Integración**: El entendimiento básico. Logrado al conectar diferentes partes de la información.
4. **Extra-Integración: El proceso de conectar tu conocimiento previamente obtenido con la nueva información que estas aprendiendo.**
5. **Retener**: El almacenamiento de información.
6. **Recordar**: La habilidad de acceder a tu

información almacenada.
7. **Comunicación: La habilidad de compartir tu información almacenada por medio de hablar, escribir y visualizar, por ejemplo, pero también solo con pensar en ello – compartiéndola contigo mismo en tu cabeza.**

(Buzan, Lectura veloz, pg. 25,26)

Capítulo 4

El tiempo es lo más preciado en la vida pues es algo que no puedes obtener de vuelta. Tus éxitos y fracasos en la vida se rigen por cuan efectivamente usas tu valioso tiempo. Al aprender como leer velozmente tendrás más tiempo en la vida para hacer otras cosas importantes, como pasar tiempo con amigos y familia, trabajar en asignaciones y disfrutar de tu vida social.

Lo creas o no, el leer velozmente incrementa, de hecho, tu comprensión de lectura. Esto es porque estás leyendo varias palabras a la vez y así eres capaz de comprender el significado de las palabras en contexto. Esto incrementará tu vocabulario y conocimiento general. Tu cerebro te lo agradecerá

Mejorará tu memoria; mientras más uses tu cerebro, más fuerte será. Mientras más información alimentes a tu cerebro, más recordarás. La lectura veloz te permite asimilar la información más rápido. Entenderás cosas recién aprendidas más claramente.

La memoria es un aspecto de creatividad así que tu lado creativo puede incrementar también.

Lógica mejorada – Piensa en la lectura veloz como un ejercicio para tu cerebro. Tu cerebro se vuelve más eficiente al clasificar información y encontrar correlaciones a otros fragmentos de información previamente clasificados. Esto mejorará tu proceso de pensamiento lógico. Mientras incrementas tus habilidades de lectura veloz, encontrarás que tu habilidad para jugar juegos de lógica como el ajedrez, mejorará.

También te permitirá enfocarte en más tareas. ¿Cuántas veces has estado leyendo y has sido distraído por algo que está pasando a tu alrededor? Leer velozmente te fuerza a enfocarte en la tarea que nos ocupa y, por eso, entrena a tu cerebro a enfocarse en otros aspectos de tu vida también.

Niveles más elevados de auto-confianza y bienestar emocional puede ser también alcanzados si eres capaz de leer más rápido en cualquier área que te interese y puedas comprender más de lo que estás leyendo si aprendes a leer velozmente de la manera correcta. Al estar más enfocado en la lectura, estas limitando tus pensamientos en otras áreas de tu vida. Es una forma de meditación activa. Estarás mucho más cómodo al tener conversaciones con gente con todo el conocimiento adquirido a través de la lectura.

Al retener más de la información que lees podrías, potencialmente, acceder a mejores empleos – ya sea un ascenso en tu trabajo o alcanzar un mejor trabajo. Ser conocedor es poderoso y los empleadores quieren ver esto cuando buscan a empleados. Ser capaz de leer velozmente puede, potencialmente, permitirte obtener educación en línea o formal avanzada en la mitad del tiempo que lo harías sin esta habilidad.

Capítulo 5

Hay muchas técnicas diferentes usadas para leer velozmente, y aquí se enlistan:

Técnica de pauta manual

Usatumanocomounaguíaparatusojos. Esto también ayuda con otros hábitos de lectura, como la fijación. Puedes utilizar un indicador como un bolígrafo, una regla o cualquier otro objeto indicador. Simplemente mueves entre o de arriba abajo por las líneas con lo que sea que estas usando para pautar tu lectura. Eres capaz de convencer a tu cerebro a leer el texto más rápido. Esto reducirá la regresión y eliminará distracciones.

Hay diferentes métodos de pauta manual que pueden ser usados como el zigzag, el cual involucra el mover tu dedo diagonalmente tres líneas y después de regreso – te permite escanear un área grande; el movimiento es ahuecando tu mano con tus dedos juntos y puedes mover de izquierda a derecha, permitiéndote agrupar tus palabras, saltando 3-4 palabras en cada punto.

Intenta diferentes métodos de pauta manual para ver cual trabaja mejor para ti. Una combinación de los métodos puede ser usada, dependiendo que es lo que encuentres más benéfico.

Saltarsepalabraspequeñas

No todas las palabras necesitan ser leídas en un texto. Palabras de enlace pueden ser saltadas, pues no te proporcionan la información sobre el texto. Ejemplos de estas palabras son: es, como, a, el, mientras, tu y porque. Tu cerebro aun las leerá pero sin gastar la misma cantidad de tiempo de procesamiento en ellas y serás capaz de acelerar la manera como lees un texto.

Minimizar sub-vocalización

Esto significa reducir la pronunciación de cada palabra en tu cabeza mientras estás leyendo el texto. Esto toma más tiempo para leer un texto, pues tu cerebro lo entiende más rápido de lo que puede ser dicho. Cuando estás leyendo, estas continuamente procesando el texto que lees, estas obteniendo un entendimiento del significado del enunciado desde la primera palabra pero no entiendes el significado completamente hasta que alcanzas el final del enunciado.

Maneras para eliminar la sub-vocalización

- Enunciados que están formados por un numero de frases o "unidades de pensamiento", lo cual es la fragmentación de palabras en frases dentro de un enunciado. Leer y recordar usa mucho de tu cerebro y requiere mucho pensamiento. Tus neuronas hacen lo mejor para ir tan rápido como pueden. Al leer unidades de pensamiento dentro de un enunciado, eres capaz de fragmentar los conceptos y entender el texto más y más rápido.
- Admitir que lo estás haciendo y después tener que practicar no decir las

palabras mientras las lees.
- Preocupa tu boca con algo mientras estás leyendo y desengancha el mecanismo de habla en el cerebro. Esto permite que el proceso de entendimiento del texto sea más rápido, pues permite al texto ir directamente hacia nuestra percepción consiente y tu cerebro no está constantemente descifrando como pronunciar las palabras primero. Tu cerebro no está diciendo cada palabra mientras la lees. Masticar una pieza de goma de mascar engancha tus cuerdas vocales y previene a tu cerebro pronunciar las palabras que lees.
- Necesitas seguir practicando las variadas técnicas, hasta que se vuelva natural y no necesites sub-vocalizar cuando lees.
- Tararear o cantar es una manera de distraerte a ti mismo y evitar decir las palabras en tu cabeza.
- Escuchar música ayudara a minimizar la sub-vocalización pero también ayudara a concentrarte. Necesitas asegurarte de

que no sea música que te distraerá de tu texto, y te haga pensar en otros pensamientos mientras deberías estar enfocado en leer.

- Mientras estás leyendo, cuenta en tu cabeza o en voz alta. Después de practicar esto por un periodo, no necesitaras continuar contando, puesto que tu cerebro ha aprendido a no decir las palabras en tu cabeza.

Capítulo 6

No hay necesidad de enfocarse en cadapalabraque lees. Tus ojos y cerebro te permiten ver y escanear alrededor de 4-5 palabras por segundo. Para permitir que tu visión periférica incremente, necesitas relajar tu vista cuando lees. Relaja tus ojos y cara y empezarás a ver grupos de palabras, en lugar de cada palabra individual. Para cuando termines el enunciado, podrás escanear el siguiente enunciado usando tu vista periférica.

Otro método para incrementar el uso de tu vista periférica es enfocarte en el centro del texto y dejar que tu vista periférica lea las palabras de fuera. Para aprender tú mismo como hacer esto, puedes empezar a leer desde 4 palabras dentro a partir de la primera palabra de cada línea y terminar 4 palabras a partir de la última palabra. Repite este proceso hasta el final del texto, solo permitiéndote leer cada línea por ½ segundo. No hagas esto por más de 4 minutos. Cuando estas empezando este ejercicio puede que no comprendas nada del texto que estés leyendo; tomará práctica.

Minimiza el número y duración de fijacionesporlínea. No lees tu texto horizontal a través de tu página, sino de arriba a abajo de tu página – verticalmente.

Agrupar palabras

Esta técnica es también conocida como fragmentación. En vez de leer una palabra a la vez, agrupas palabras. "El maestro pidió al nuevo estudiante que se levantara frente a la clase y se presentara" así es como la mayoría de la gente leerá ese enunciado "El-maestro-pidió-al-nuevo-estudiante-que-se-levantara-frente-a-la-clase-y-se-presentara" Agrupar significa que desglosas el enunciado para leer varias palabras de una vez para que el enunciado sea leído así "El maestro pidió-al nuevo estudiante en clase-levantarse, presentarse". Esta es una habilidad que necesita ser practicada y, lentamente, incrementar la cantidad de palabras que puedes leer en un grupo. Empieza a agrupar dos palabras a la vez y después empieza a incrementar a tres, eventualmente, deberías ser capaz de agrupar hasta seis o siete palabras en tu texto.

"Skimming"

Estoinvolucrabuscar en el textopistas de significado. En un documento legal podría significar buscar sub encabezados, palabras en negrito o en cursiva. Para adultos, esto sale naturalmente, pero para algunos, esto es un proceso aprendido. Puede resultar un una comprensión más baja del texto completo, así que, si necesitas leer cada palabra, entonces esta técnica no es para ti.

Programa AccelaReader en el internet

Este programa, AccelaReader, usa Presentación Visual Serial Rápida, y te fuerza a leer velozmente. Puedes elegir la velocidad a la cual quieres leer y también tienes la opción de agrupar palabras. Esto permitirá a tu cerebro acostumbrarse a leer velozmente. Copia y pega el texto en tu caja de texto, obviamente tiene sus limitaciones y no puedes leer una copia impresa de un libro dentro del programa. Estoteenseñará a eliminar la sub-vocalizacióntambién.

Regresión

Esto es material de lectura irrelevante para lo que tú estás leyendo. Es muy común el saltar de regreso a palabras que has leído en la página y posiblemente saltar de vuelta a algunos enunciados para revisar que lo has leído bien. Particularmente para contenido nuevo o algo con lo que estas desfamiliarizado. Pierdes el flujo de tu lectura y puede afectar el entendimiento de lo que estás leyendo. Para detener la regresión, puedes usar un dedo para señalar a lo largo de la línea que estás leyendo, o un objeto, como un bolígrafo.

Obviamente, mientras más rápido muevas

el indicador, mas rápido leerás el texto. Para entrenar tu cerebro a eliminar la regresión; haz esto al no permitirte a ti mismo leer otra vez lo que acabas de leer.

Niveles de concentración

Necesitas estar en un ambiente libre de distracciones para acelerar tu velocidad de lectura. Al tener menos distracciones puedes enfocarte en tu lectura. Sí, es posible hacer tareas múltiples al leer mientras ves TV, pero tu concentración en el texto disminuye y se vuelve más difícil incrementar tu velocidad de lectura. Las distracciones no siempre son visibles como lo es una TV o los niños. Puede ser también el pensar cuando es que harás tus compras navideñas o que es lo que quieres cenar esa noche. Esto no te permite enfocarte en la tarea de leer. La concentración es particularmente importante cuando se empieza a aprender como leer velozmente. Necesitas asegurarte de que la luz es la ideal para leer, también. Esto ayudará a tu concentración.

La velocidad de lectura promedio es de 150-300 palabras por minuto.

La mayoría de nosotros tiene una velocidad de lectura natural de alrededor de 150-300 palabras por minuto. Este es un logro increíble si considera todas esas horas que invertimos en aprender a descodificar esos extraños caracteres que aparecieron en la página y realmente entenderlos.

Tomó mucho esfuerzo, un montón de paciencia y una gran cantidad de perseverancia, pero al final todos llegamos allí. Los sereshumanos son criaturasincreíbles y deberíamosestarorgullosos de nuestroslogros.

Pero si pensamos en cómo se ven esas 150-300 palabras en el mundo real, estaremos muy decepcionados. Tomando el extremo bajo como nuestro ejemplo, esto significa que nos tomaría 2 minutos leer solo una página de una novela promedio. Al poner esto en una perspectiva aún más amplia, esto significa que usted completaría una edición completa de la ahora infame "La Semana Laboral de 4 horas" de Tim Ferriss en unas dolorosas 12 horas o incluso más. ¿Quién en el mundo tiene ese tiempo para invertir?

Imagine leer ese libro en menos de la mitad del tiempo mientras sigue aprendiendo cada una de las lecciones que ofrece. ¿Cómo podría usar esas horas extras? ¿Cuánto más podría lograr en su vida si tuviera este poder a su alcance? ¿Y por qué no podemos leer así justo ahora?

Los Mecanismos de la Lectura

Supongamos por un momento que tienes un libro justo ahí en tus manos. Usted escanea la portada y abre sus páginas listas para comenzar a leer su contenido. Estoes lo que sucede a continuación:

1) **Fijación:** sus ojos se fijan en un punto del texto para usarlo como "bloque de inicio". Esta probablemente sea la primera palabra de la primera oración en la primera página.

2) **Sacada:** una vez que sus ojos hayan

captado la información allí, se moverán al siguiente punto de fijación, listos para seguir leyendo.

3) **Comprensión:**su cerebro ensambla las piezas y deduce el significado.

Suena simple, ¿verdad?

Pero la cuestión es que, si nunca se le ha mostrado de otra manera, probablemente se fijes en cada palabra y luego las junte para formar un significado en su cerebro. Obviamente, esto se traduce como un número absolutamente enorme de sacadas para una sola frase. Por ejemplo, el anterior contenía quince palabras increíbles que se traducen en quince saltos para tus pobres ojos cansados.

Y no solo esto. También podría:

- perderse la 'imagen más grande'
- necesitar regresar y volver a leer las secciones que no había entendido completamente.
- distraerse más fácilmente
- olvidar todo lo que acaba de leer
- sufrir de la fatiga ocular, como resultado de todo el esfuerzo adicional.

La lectura veloz podría ser la respuesta a todas sus oraciones, y le enseñaré cómo hacerlo de manera rápida y eficaz. Solo piense en el impacto que esto podría tener en su vida ... No más de un año de sesiones de lectura de novelas y no hay necesidad de atascarse en las primeras horas en algún libro de texto aburrido. Suenabastantebien, ¿verdad?

Ahora las cosas se van a poner divertidas. Estoy a punto de mostrarle la acciónprecisa que debetomar hoy para obtenerunalecturamásrápida y eficiente.
Haremos esto observando una imagen más amplia de nuestra experiencia de lectura y apuntando a cada área para llevar realmente sus habilidades a un nivel completamente nuevo y emocionante. Consideraremos su entorno y actitud, técnica y enfoque y, por último, lo alentaremos a que practique sus nuevas habilidades.
La lección se divide en tres partes: la Parte A le explica cómo prepararse a sí mismo y a su entorno para el éxito, la Parte B le

enseña todo lo que necesita saber para aumentar su velocidad de lectura y aprender más de lo que esperaba y la Parte C le mostrará cómo juntarlo todo ¡Hagámoslo!

PARTE A: Prepárase a Usted Mismo

En primer lugar, debemos prestar atención a tres áreas clave que, cuando se realizan correctamente, tendrán un impacto casi instantáneo en sus velocidades de lectura naturales y lo llevarán a un gran comienzo. Estos son: entorno, enfoque y actitud.

Entorno

Haga que su entorno sea el correcto y podrá concentrarse completamente en el texto y extraer todo lo que necesite sin esfuerzo. También se sentirá más cómodo y podrá leer por períodos más prolongados sin la necesidad de tomar todos esos recesos frecuentes y distractoras.

Asegúrese de estar sentado en un lugar cómodo sin ser demasiado informal. Mantenga su columna vertebral lo más recta posible para ayudarlo a mantenerse enfocado y proteger su espalda. Si está leyendo para el trabajo o la universidad, realmente ayuda sentarse en un escritorio. También asegúrese de que el libro se encuentre a una distancia cómoda de su cara y se mantenga en un ángulo de aproximadamente 45 grados. Juegue un poco con esto hasta que descubra lo que funciona para usted. No debería tener que entrecerrar los ojos o tensar sus músculos de ninguna manera, así que solo relájese y sonría.

Enfoque

El enfoque es clave cuando se trata de mejorar su velocidad de lectura. Si no puede "estar en la zona", no podrá leer de manera efectiva (si es que lo hace) y seguramente no aprenderá nada.

Deshágase de todas las distracciones que puedan interponerse entre usted y su verdadero poder de lectura; apague la televisión, coloque su móvil en modo silencioso y despeje su mente para la emocionante tarea que tenemos por delante.

Actitud

La confianza en sí mismo lo es todo. Hará la diferencia entre el fracaso y un éxitoexcepcional. Puede hacer esto y necesita recordárselo regularmente. Un poco de confianza en sí mismo ayuda mucho con la motivación y el logro de cualquier cosa.

PARTE B: Aprenda las Técnicas

Es hora de aprender esas técnicas de lectura rápida que marcarán toda la diferencia. Aprenderá a usar ambos ojos de la manera más efectiva posible, superar los obstáculos que lo frenan y aprender algunos trucos efectivos para la atención y el enfoque.

1) Seleccione su texto cuidadosamente
Adelante, elija el texto más fácil que pueda encontrar y no se preocupe por lo que piensen los demás. Todos debemos aprender a caminar antes de poder correr, y mantenerlo simple en los primeros días es la manera perfecta de hacerlo. Pronto sorprenderá a la gente con cosas más complejas.

   2) <u>Aborde la subvocalización</u>

La subvocalización es cuando dice lo que está leyendo "en voz baja" y mueves tus labios. A todos nos dijeron que hiciéramos esto en la escuela durante los primeros días, pero afortunadamente la mayoría de nosotros dejamos el hábito a tiempo. Y algo bueno también: la subvocalización es un gran obstáculo cuando se trata de una lectura de velocidad efectiva, ya que es imposible leer rápidamente cuando está limitado por la velocidad de sus músculos orales.

La respuesta es ocupar su boca para que deje de moverse cuando lee. Puede hacer esto con un chicle, o incluso sosteniendo una pluma entre sus dientes.

3) Use un puntero

¿Alguna vez encuentra que sus ojos se desvían de la página por solo un segundo, lo que resulta en una interrupción en la concentración? El secreto aquí, que lerecomendaría a todos al comenzar, es usar un puntero como un dedo o un bolígrafo para hacer un seguimiento de su ubicación en la página y moverlo a medida que avanza en el texto.

Naturalmente, nuestros ojos se alejan brevemente de la página al leer, por lo que al usar un puntero, podrá hacer un seguimiento de su posición en la página y mantener su enfoque. Este es un truco especialmente útil para las personas que se distraen fácilmente o que padecen afecciones como el TDAH.

Una técnica avanzada de lectura de velocidad es mover el puntero ligeramente hacia adelante en la página y ligeramente más rápido que la velocidad de lectura habitual. Si esto se hace con la suficiente sutileza, su velocidad de lectura aumentará naturalmente en un esfuerzo por mantenerse al día y mejorará casi sin ningún esfuerzo. Pruébelo usted mismo.

4) Use sus ojos efectivamente

Ahora nos estamos moviendo hacia el meollo del asunto de la lectura, así que asegúrese de tener ese libro frente a usted y ¡prepárese para leer!

Familiarícese con el texto

En primer lugar, necesita saber qué

esperar de ese libro que está a punto de abordar, así que siga adelante y eche un vistazo a la portada, el material posterior y algunas de las páginas interiores.

¿Cuál es el tema que importa? ¿Qué esperas entender de este libro? Y así.

Es muy útil hojear rápidamente todo el libro para ver el tipo de lenguaje que se utiliza y comprender el diseño del tema si lo desea (sí, incluso si está comenzando con un libro para niños). Una vez que haya hecho esto, pase a la primera página del primer capítulo, lea para comenzar.

Aprenda eficientes movimientos oculares

Muchas personas aún se enfocan individualmente en cada palabra en una página y, como resultado, hacen que el progreso sea lento y doloroso en cualquier libro. Ahora estoy a punto de mostrarle cómo optimizar sus esfuerzos y hacer que esos ojos se muevan de manera eficiente y rápida a través de cualquier texto, mientras retiene el 100% de la información y alcanza el 100% de comprensión. Y cuando le diga lo simple que es hacer esto, realmente se sorprenderá.

El movimiento eficiente de los ojos significa leer grupos de dos o incluso tres palabras a la vez. Esta es la lección central de todo el curso de lectura veloz, así que tómese su tiempo para entender esto e implementarlo. La lectura de esta manera limitará la cantidad de fijaciones (paradas) y de sacadas (saltos) que sus ojos deben realizar en cada línea y realmente harán que sus habilidades de lectura se desempeñen de la mejor manera posible.

La idea de agrupar palabras no es nada nuevo en el campo de la lectura veloz y es extremadamente efectiva si lo hace agrupando las palabras en patrones de lenguaje natural.

Las palabras en todos los idiomas se dividen naturalmente en grupos (también conocidos como frases) que trabajan juntos para formar un significado. Podemos aprovechar esta tendencia para aumentar realmente la velocidad a la que podemos comprender el texto que tenemos delante.

Y antes de preocuparse por cómo va a

abordar una tarea tan aparentemente enorme, no se preocupe. Simplemente al ser un hablante nativo del idioma, tendrá un sentido innato de cómo están estructuradas estas frases, y le resultará muy fácil entenderlo.

Aquí hay un ejemplo de un texto corto dividido en tales frases::

Este es **un gran ejemplo** de un texto **que podría** estar leyendo **en** su vida diaria.

Por supuesto, **tomará** algo de práctica **para** hacerlo bien, **pero** valdrá **la pena todo** el trabajo duro. **Al utilizar** esta técnica, **su cerebro** podrá **fragmentar** y procesar **la** información de manera eficiente

Pero recuerde, no existe una forma correcta o incorrecta de formar tales grupos de palabras para leer con rapidez, así que haga lo que mejor le funcione.

Su misión ahora es comenzar a leer el libro que tenga con usted ahora, identificando el grupo natural de palabras y leyéndolos juntos. Párese aquí y vaya tan lento como necesite. Está aprendiendo algo nuevo, así que tómese su tiempo.

Una vez que haya aprendido a hacerlo, aumente ligeramente su velocidad y practique en este nivel durante un corto período de tiempo hasta que se sienta cómodo nuevamente.

Seguirá aumentando su velocidad en pequeños saltos como este hasta que haya alcanzado un nivel superior de comodidad. Como nuestro objetivo es alcanzar el 100% de la comprensión y la velocidad, le insto a que no se esfuerce más allá de esto. No es una carrera, se trata de usted y de su poder personal.

PARTE C: Plan de Mantenimiento de Lectura Rápida

¡Es hora de reforzar todo lo que ha aprendido y poner a trabajar sus nuevas habilidades! Necesitas hacer esto practicando, leyendo más libros y también probándose a usted mismo.

Practique

Cada habilidad debe ser practicada regularmente para poder avanzar de un nivel promedio a uno impresionante. Al practicar, pasará de tener que hacer un esfuerzo consciente hacia la lectura rápida en piloto automático. Esto significa que podrá concentrarse por completo en el texto mismo y en lo que significa para usted, sin tener que preocuparse por la técnica.

Lea más libros

Cuantos más libros lea, mejor lo hará. Ahora que puede leer incluso más rápido que antes, piense en lo que podría lograr. Tiene el potencial de cambiar su vida más allá de sus sueños más salvajes. ¡Salga a navegar en los mejores libros que pueda encontrar!

Pruébese a sí mismo

Su increíble progreso con la lectura veloz será muy evidente para usted en cada momento de su vida, por lo que no hay necesidad de probarlo en absoluto, si no lo desea.

Sin embargo, las pruebas pueden ser una

muy buena manera de medir su progreso en cualquier área, por lo que le recomiendo que lo intente ahora. Hágalo al comienzo de su viaje y en determinados puntos, todo para ver cómo está progresando. Incluso puede establecer objetivos que lo ayuden a mejorar, por ejemplo, "Para el próximo sábado aumentaré mi velocidad de lectura en 20 palabras por minuto".

Todo el mundo quiere alcanzar su máximo potencial y disfrutar al máximo de su vida, pero sin las habilidades adecuadas, esto nunca sucederá, y usted podría estar deseandohaber invertido el esfuerzo cuando podía y haber hecho esos cambios que son realmente importantes.

Ahora es su oportunidad de hacerlo. Tome las técnicas de lectura rápida de este libro y utilícelas para mejorar su vida, su lectura y su aprendizaje. Ahorrará un montón de tiempo y esfuerzo y redescubrirá el verdadero placer de leer. Después de todo, los libros pueden ser una fuente fantástica de alegría y relajación, así como de

aprendizaje. ¡Disfrútelo!
¡Gracias y buenasuerte!

Quiero agradecerte y felicitar por descargar el libro.

Este libro tiene todo lo que necesitas para triplicar tu velocidad de lectura.

Todos sabemos que el conocimiento es poder. Es por eso que tenemos la fuerte necesidad de adquirir tanto conocimiento como sea posible, ya sea para entretenimiento o desarrollo personal. Pero hay un problema; no contamos con todo el día para obtener este conocimiento. De hecho, muchos de nosotros estamos tan ocupados que con dificultad tenemos tiempo de obtener la información especialmente cuando esta en forma escrita.

Desafortunada o afortunadamente, dependiendo de cómo lo veas, tienes muy poco tiempo para leer limitada cantidad de información. Buen, aun si tienes una gran voluntad y motivación para leer todo lo que caiga en tus manos, verdaderamente no puedes hacer mucho si tu velocidad de lectura "normal" es como para llevarlo bien. Obviamente, esto pone límites en lo que puedes hacer en lo que a leer te concierne. No solamente quieres estar leyendo por varias horas hasta terminar cuando se supone que debes estar haciendo otras cosas importantes.

La mejor solución para eso es aprender a leer más rápido así puedes leer más en menos tiempo. Si estas cansado de perder varios días leyendo la última novela o revista que tu amigo te presto, entonces en realidad necesitas acelerar tu velocidad de lectura. Este libro tiene toda la información que necesitas para hacer esto posible. Aprenderás las estrategias básicas, después las intermedias para acelerar tu velocidad de lectura.

Gracias nuevamente por descargar este libro, ¡espero que lo disfrutes!

Salio cierta prueba de velocidad de lectura con las siguientes velocidades típicas para humanos en conjunción la comprensión teórica, en varias etapas de desarrollo educacional:

*150 palabras por minuto – estudiantes de 3° grado

*250 palabras por minuto – estudiantes de

8° grado
*300 palabras por minuto – adulto promedio
*450 palabras por minuto – estudiantes promedio de universidad
*575 palabras por minuto – ejecutivo promedio de alto nivel
*675 palabras por minuto – profesor promedio de universidad
*1,500 palabras por minuto – lectores veloces
*4,700 palabras por minuto – campeón de lectura veloz

Si pones estos promedios en un contexto significativo y les aplicas la clase de lectura rutinaria seria que el conjunto súper exitoso prefiere, estarás triste de darte cuenta que, para la mayoría de las personas, las palabras están tomando precedencia. Toma el ejemplo de los blogs y los periódicos por ejemplo. Supón que lees veinte artículos de 500 palabras diarias. Si lees a una velocidad promedio de 300ppm, gastaras al menos 30 minutos diarios en esa parte de tu rutina, incluyendo fines de semana. Pero eso es solo el calentamiento. Consideremos las revistas. Una página típica de texto en una publicación ordinaria seminal, como The New Yorker, Forbes, y siilares, contienen aproximadamente 900 palabras. Cada edición básicamente va de 60 a 150 páginas. Supón que cada publicación contiene 100 páginas, ahí hay un porcentaje de 50/50 de compartir en términos de editorial y páginas de publicidad, y crees que cuando menos la mitad de estas páginas tienen contenido de valor. Si lees a 300ppm, te tomará cuando menos setenta y cinco minutos para navegar en una sola revista. Por otro lado, los tipos súper exitosos no leen solamente una publicación. Supón que el número es de alrededor de 5, de las cuales se entregan una vez a la semana. Cuando aplicas los cocientes explicados arriba, terminas con un tiempo total de lectura de 50 minutos diarios, llévalo a un mes completo. Hasta ahora, nos hemos comido casi 1 ½ hora diaria, sin siquiera incluir libros – ya sea una novela al azar, la biografía de un emprendedor popular, o el último best seller financiero. Siguiendo con el ejercicio, asume que hay 100,000 palabras en cada libro, y esperas leer cuando menos un libro al mes. Con las usuales 300 palabras por minuto, termina con un agregado de once minutos diarios. También puedes estar inclinado a consultar una guía de Cómo – Hacer o libro de texto, así que redondearemos la carga del libro a quince minutos por día, lo que nos da un total de 98 minutos al día.

Pero no hemos finalizado. Que hay acerca de todos esos textos, correos electrónicos, y discusiones de Google Plus, sin mencionar cualquier interacción activa con los autores. Cuando esto va al sector de las finanzas personales, necesitaras uno o dos boletines para asegurarte que no pierdes una tendencia trivial pero relevante.

En general, al promedio de 300ppm, no es sorprendente tener un horario de cuando menos 2 horas de lectura diaria, solo ara estar en contexto – cuando no estas comprometido en otras cosas como tiempo familiar, comiendo, y trabajando.

Con una velocidad de lectura de 600

palabras por minuto, aun tendrías una rutina diaria intensa, pero eficientemente te regresa una hora de lectura diaria, lo que totaliza un día completo de lectura a la semana. Esto no es un lujo – esto es un factor necesario para mantenerse.

Entonces ¿cómo lo haces? Simple: empiezas parando esos malos hábitos que te imposibilitan leer rápido.

La mayoría de las personas generalmente tienen cuando menos un hábito de lectura que tiende a volverlos lentos. Para poder ser un mejor lector, necesitas sobrepasar esos hábitos pobres, y después abrir caminos a técnicas nuevas y efectivas de lectura. He aquí varios de los más notorios hábitos de lectura, y como atacarlos.

Sub-vocalización

Este es el hábito de repetir cada palabra en tu mente mientras la lees. La mayoría de los lectores hacen esto de alguna forma. Durante la sub-vocalización, escuchas las palabra que has leído repetirse en tu mente. Esto consume más tiempo del requerido, ya que comprender una palabra es mucho más rápido que decirla. Sin embargo, necesitas aceptar que esa voz está presente en tu cabeza, antes de que puedas apagarla. Cuando te preparas para leer, sugiérete no repetir las palabras en la cabeza. Practica hacer esto hasta que hayas borrado este hábito por completo. También ayuda a leer bloques de palabras, ya que es más difícil sub-vocalizar un grupo de palabras. Cuando te deshaces solamente de la sub-vocalización, puedes aumentar tu velocidad de lectura de forma significativa partiendo desde el ritmo típico de 300 palabras por minuto.

Leyendo palabra por palabra

Leer palabra por palabra es más lento y puede hacerte perder el concepto general en lo concerniente con el contenido. De hecho, leer grupos de palabra ha demostrado ser mejor para el promedio de comprensión que leer una palabra a la vez. Considera el movimiento de tus ojos mientras lees esta sesión. ¿Estas leyendo una palabra a la vez o estas viendo bloques de 2, 3 o 5 palabras? Experimenta incrementando el número de palabras que lees por bloque. También puedes expandir los bloques de palabras que tomas en una sola fijación moviendo ligeramente más lejos el texto de tus ojos. Veras que tu velocidad de lectura se incrementa conforme aumentas el número de palabras que lees por bloque.

Movimiento ocular ineficiente

La mayoría de los lectores lentos tienen la tendencia de concentrarse en cada palabra, y después abrirse camino en cada línea. Tu ojo puede literalmente abarcar cerca de 3.75cm (1.5") de una sola vez. Esto se traduce como a 4 o 5 palabras para una página típica. A este efecto, la mayoría de los lectores no usan su visión periférica para ver las palabras al final de la línea. Puedes contrarrestar esto "suavizando" tu mirada cuando lees- relajando básicamente la cara y exponiendo tu mirada para ver grupos de palabras en lugar de palabra por palabra. Cuando practicas esto, encontrarás que tus ojos escanean más rápido a través del texto. Cuando llegas al final de la línea, usa tu visión periférica para ver el último bloque de palabras. Esto te permitirá echar una ojeada a través y sobre la línea subsecuente.

Regresión

Esto es lo innecesario de volver a leer el texto. Algunas veces puedes estar constantemente regresando a leer palabras que acabas de leer, o aun regresando a algunas oraciones solo para asegurarte de que has leído algo bien. Esta regresión te hace perder la estructura y flujo del texto, subsecuentemente sacrificando tu comprensión general. Ten muy presente la regresión, y evita volver a leer tu texto a menos que sea absolutamente necesario. Puedes reducir la cantidad de veces que regresa usando un señalador, el cual puede ser un bolígrafo, lápiz, o un dedo.

Concentración pobre

Si alguna vez has intentando leer mientras la televisión se encuentra encendida, entonces probablemente sabrás que tan difícil puede ser concentrarte en una sola palabra, deja a un lado varias oraciones organizadas juntas. Leer requiere de un ambiente que este libre de distracciones exteriores, o cuando menos mantenerlas al mínimo. Puedes mejorar tu concentración dejando de hacer múltiples tareas y removiendo cualquier distracción. Esto es un paso muy útil ya que puede ayudarte a leer varias páginas de texto fácilmente con una comprensión adecuada cuando combinas las técnicas de detener la sub-vocalización y leyendo bloques de palabras juntas. También ten cuidad de las distracciones internas. Si te estas preguntando que vas a preparar para cenar, o estas pensando en una discusión acalorada, puede afectar tu habilidad para consolidar información. La cosa con la sub-vocalización, es que fuerza a tu cerebro a poner atención a lo que estas leyendo, es por eso que con frecuencia escuchas gente argumentando que pueden leer mientras ven televisión al mismo tiempo. Necesitas poner un fin a este hábito si quieres convertirte en un lector eficiente.

Acercándote a la lectura lineal

Desde el primer día que llegaste a la escuela, te enseñaron a leer información a lo largo y hacía abajo, procesando cada palabra y oración en secuencia. El problema con este acercamiento en la lectura es que tiendes a concentrarte en materiales suplementarios de la misma forma con la que lo haces con la información núcleo. Puedes contrarrestar esto escaneando la página en particular y viendo los encabezados, y ubicando los puntos con viñetas y contenido en negritas. No hay una regla específica que dicta que debes leer un texto en el orden determinado que el escritor lo pensaba. Por lo tanto, haz un escaneo rápido, y decide lo que es necesario y que no lo es. Echa un vistazo a través de las pelusas, y concéntrate solamente en los materiales fundamentales. Mientras lees, fíjate en las pequeñas adiciones que los escritores agregan para hacer el contenido atractivo e interesante. No tienes que leer las anécdotas o ejemplos si ya tienes el punto. Si estas aprendiendo como leer rápido, grabar tu progreso es útil. Cuando monitoreas tu velocidad de lectura mientras estás entrenando, te permitirá reconocer los avances y, cuando no observes ninguno, determinas donde esta el problema y podrás corregirlo. Como tal, saber tu velocidad de lectura te será útil.

Hay tres cosas que debes medir:

Promedio de Lectura

Lo primero que debes medir es tu promedio de lectura. Esto envuelve el número de palabras que puedes leer en un minuto, sin importar la comprensión o memorización. Para calcular tu promedio de lectura, elige una página de un libro y determina el número de palabras que este contiene. Usando un cronómetro, lee la página y estima el tiempo que te lleva terminar la lectura. Este es tu promedio de lectura (PL), y se representa en palabras por minuto.

Velocidad de procesamiento

Una estimación verdadera de tu velocidad de lectura debe tomar en consideración la comprensión de contenido, representando por la velocidad de procesamiento. Mientras que la meta principal de la velocidad de lectura es incrementar tu velocidad de lectura, la meta principal de la lectura es entender. Por lo tanto, debes un alto promedio de lectura, y la habilidad de comprender al mismo tiempo. Antes de que midas tu promedio de comprensión, hay varias preguntas que te debes hacer después de medir tu promedio de lectura. Note que las preguntas deben ser escritas por otra persona. El porcentaje de comprensión será determinado por el número de preguntas que respondas correctamente. Por ejemplo, si tienes bien 8 de 14 preguntas, entonces tu velocidad de procesamiento es:

VP = 8 * 100 /14 = 57%

Velocidad de Memorización

Este es el número de palabras que puedes leer y entender en un minuto, lo cual se deriva de multiplicar tu VP por tu PL (en porcentaje). Por ejemplo, si encuentras que tu velocidad promedio fue de 600 palabras por minuto y tu velocidad de procesamiento fue 75 por ciento, entonces tu velocidad de memorización es:

600 * 0.75 = 450 palabras por minuto.

Es obvio que la meta de la velocidad de lectura es obtener una alta velocidad de memorización. Para que esto suceda, necesitaras tener una impresionante velocidad de procesamiento y promedio de velocidad. Una vez que has determinado tu velocidad de lectura, vale la pena saber que tan buena o mala es esta velocidad.

Hay tres aspectos principales de la lectura efectiva:

*La habilidad de tus ojos para procesar información

*Tu promedio de comprensión

*La habilidad de tu cerebro para entender la información que tú absorbas.

Como Incrementar La Habiliad De Que Tus Ojos Procesen Información

Antes de que puedas leer rápida y efectivamente, necesitas empezar con palabras en el texto. Tus ojos tienen la habilidad de absorber más información de lo que crees; intenta practicar los consejos que se dan más adelante para usar tu hardware visual al máximo.

No te concentres en cada palabra, especialmente aquellos en los que están al principio y final de línea.

A lo largo del día, usa tu visión periférica para ver objetos sin enfocarte realmente en ellos. Puedes usar la misma herramienta cuando lees. Empieza a leer desde la segunda o tercer palabra, y termina con la segunda o tercer palabra desde el margen, permitiendo que tu visión periférica para cubrir las palabras al borde.

Lee en bloques de palabras

Puedes pensar que tus ojos están siguiendo una línea de texto continuamente, pero de hecho están saltando de un lugar al siguiente, una acción referida como una sacada. Los puntos de foco son conocidos como impresiones o fijaciones. Para ilustrar esto, coloca un dedo sobre la pestaña de uno de tus ojos mientras esta cerrado, y después escanea lentamente una línea recta usando el otro ojo. Debes experimentar periodos aislados y distintos y movimientos de fijación. Cuando lees en bloques, puedes reducir las veces de fijaciones por línea e incrementar tu velocidad de lectura como resultado. Ya tienes la capacidad de leer más de dos palabras al hilo. Piensa en esto. ¿Recuerdas la última vez que ibas manejando por la autopista y echaste un vistazo para ver "Salt Lake City" o "New York City" en un letrero del camino? Las posibilidades son, que realmente no hayas leído cada palabra, diste un rápido vistazo y fuiste capaz de descifrar el significado del letrero. Cuando practicas, puedes ser capaz de incrementar tus palabras por fijación. Una meta efectiva es llegar a leer cada línea con 2 o 3 fijaciones solamente.

Usa un dedo, una tarjeta o pluma para marcar tu lugar

Tu sistema visual normal está diseñado para seguir el movimiento. Como tal, colocar una marca puede ayudar a tu hardware a trabajar efectivamente.

Para demostrar esto, sigue el ejemplo del ojo explicado arriba, pero usa el dedo índice de tu mano libre para guiarte de un lado a otro. En lugar de distinguir movimientos aislados, sentirás un movimiento fuerte. También puede ayudarte a evitar perder la posición y leer nuevamente. Barre tus herramientas preferidas a través y hacia debajo de la página.

Como Incrementar Tu Promedio de Absorción

Ahora que has aumentado tu visión periférica, el siguiente paso es incrementar el promedio en el cual procesas información. Los siguientes consejos serán útiles:

Enfoque

Para alcanzar la lectura efectiva, necesitas enfocarte. Obviamente no serás capaz de procesar el material que estas leyendo si tu mente esta en otro lugar. Como se dijo previamente, rastrear el ritmo usando una herramienta útil. Estar en el ambiente adecuado también puede ayudar a poner tus distracciones al mínimo.

Lee por ideas, en lugar de palabras

La idea detrás de leer es transmitir ideas y significado. Encontrarás que algunas de las palabras son más relevantes que otra. Por ejemplo, las palabras como "para, por, de, y el, la" y demás son relativamente irrelevantes, así puedes saltártelas productivamente sin perder el significado. En la siguiente oración:

"La niña fue a comprar helado a la tienda2 Puede obtener todo el significado leyendo "niña fue tienda helado".

Toma pausas

Usualmente hay un umbral donde encuentras dificultad para concentrase y continuar. Empiezas a leer menos palabras por minuto, un ejemplo excelente del principio de reducir el retorno en economía. Si esto sucede, deja el libro y toma un receso. Permítete navegación azarosa en el Internet, juega a atrapa con tu perro, haz un par de saltos, o toma un poco de agua o café. Ya que termino el receso, sigue con tu libro con energía rejuvenecida.

Practica ejercicios de velocidad

Esto es como un ejercicio de calentamiento, pero para tus ojos. No tienes que preocuparte por comprender la información. La meta es simplemente que tus ojos y cerebros se sientan cómodos con velocidades de lectura superior.

Calcula el tiempo que te toma terminar una página de un libro, y después intenta completar otra página en la mitad de tiempo. Haz esto cinco veces. Alternativamente, puedes usar herramientas en línea como Readfa.st o Accelerader, y ajusta las palabras por minuto a 1.5 o al doble de tu velocidad de lectura usual.

Como Incrementar La Habilidad De Tú Cerebro Para Comprender Mientras Lees

Sin importar la velocidad a la que tus ojos procesan las palabras, aun necesitarás la habilidad de comprender el significado de las palabras. Los siguientes consejos pueden ayudar a tu cerebro para mejorar tu promedio de comprensión:

Lectura previa del texto

Antes de leer el libro de portada a portada, prepara tu cerebro para lo que viene. Lee la portada y contraportada del libro, la tabla de contenidos, y las partes internas. También puedes ir a través del primer y último párrafo de cada capítulo, además los títulos y subtítulos. La ventaja de la lectura previa del material es que preparas tu cerebro informándolo de lo que es relevante y de lo que debes ser conciente, la misma forma en la que grabas afirmaciones ayuda a tu cerebro a concentrarse durante el día. La lectura previa también te puede dar una perspectiva más amplia, desde la cual puedes incorpora los detalles conforme leed.

Pregúntate las cosas con antelación

Esto es similarmente útil a la lectura previa. La meta es orientar a tu cerebro para la información que viene brindándole información previa y establecer el texto en contexto. Algunas cosas que debes preguntarte incluyen: ¿la idea principal, el tipo de escritura, y la intención del autor?

Varía tu velocidad de lectura.

Un buen escritor expresa la idea principal de un párrafo dado en el sujeto de la sentencia. Reduce tu velocidad de lectura cuando inicies un párrafo nuevamente para asegurarte de que entiendes bien lo que viene, e incrementa tu velocidad de lectura cuando complementes información.

Toma notas

Intenta resumir cada párrafo en una sola palabra o idea, y después escribe en los bordes, o toma notas visuales con la ayuda de mapa mental. Haz una revisión completa cuando hayas terminado la lectura regresando a la tabla de contenidos y analizando las ideas contenidas en cada sección.

Discútelo con otros

Si realmente quieres asegurarte que has entendido el material, habla a otras personas acerca de esto. Puedes hacerlo por ejemplo, formando o uniéndote a un club de lectura. Por otro lado, puedes enseñar a otra persona lo que has aprendido.

Echa Un Vistazo

Dar un vistazo te permite obtener suficiente información rápidamente desde el contenido que estas leyendo para poder determinar si te es relevante o no. También puede ayudarte a eliminar partes del material que no son muy importante en relación a la información que estas buscando. Después puedes regresar al texto para volver a leer las secciones relevantes. Cuando aprendes como dar una lectura rápida a través de la página, tu sub-vocalización también reducirá ya que simplemente no habrá suficiente tiempo para repetir las palabras que estas viendo en tu mente. Para este fin, cuando eliminas la paja y contenidos innecesarios, tu velocidad general de lectura también se aumenta significativamente.

Palabras clave

Cada oración contiene algunas palabras clave que constituyen el cuerpo de esa oración. Cuando identificas estas palabras clave, será más fácil entender la agenda principal de la una sentencia. Estas palabras clave son verbos y sustantivos de la oración. Por lo tanto, en la oración "La Compañía anuncio un cambio significativo en su política de producción", el significado completo se puede entender desde las palabras "compañía" "cambio" "producción" y "política". Como tal, el significado de la oración se lleva por solo 4 palabras, en lugar de las diez palabras en la primer oración. Aquí hay algunos ejemplos:

Every sentence contains some key words that constitute the body of that sentence. When you identify these key words, it will be easier to grasp the main agenda of the given sentence. These key words are the verbs and nouns of the sentence. Therefore, in the sentence "The Company announced a significant change in its production policy", the complete meaning can be gathered from the words "company" "change" "production" and "policy". As such, the meaning of the sentence is carried by 4 words only, as opposed to the ten words in the first sentence. Here are a few examples:

Ejemplos:
En algunos casos, la <u>CoenzimaQ-10</u> ha demostrado <u>aliviarfallas cardíacas congestivas</u>
La <u>película</u> se <u>transmitió</u> por un periodo de <u>tres semanas</u> en el <u>Canal 2</u>

La oración temática

Así como la oración tiene palabras clave, los párrafos también contienen oraciones temáticas. Estas son oraciones limitas que sostienen la mayor parte de la idea y el significado del párrafo. Cuando identificas estas oraciones, puedes entender rápidamente de que habla el pasaje. Generalmente una oración temática se da un párrafo. Tan pronto como has identificado esa oración temática, puedes decidir saltar la parte remanente del párrafo.

Por ejemplo, considera el párrafo anterior que acabas de leer. Mueve tu mano rápidamente de forma en la que probablemente estés acostumbrado, a través de las líneas y hacía abajo en el párrafo. ¿Puedes identificar el tema de la oración? Esto debe ser la segunda oración

"Esta oraciones limitadas que contienen la idea principal del significado del párrafo". El tema de la oración en los siguientes ejemplos esta subrayado con puntos, mientras que las palabras clave están subrayadas con línea sólida:

Example:
The proliferation of computer systems in the American workplace has brought with it various health related problems caused by the continual use of computer devices such as keyboards, computer mice and monitors. Mainly affecting the arms and wrists, these maladies are commonly termed as repetitive motion injuries. In just a few minutes each day, you can prevent and treat such injuries. This book teaches the stretches and adjustments needed to prevent and treat Carpal Tunnel Syndrome and numbness of the forearm and upper arm.

Example:
The coming of the winter months in the northern parts of the country brings an amazing migratory pattern as documented by etymologists. Large swarms of Monarch butterfly make their way from the cold Canadian provinces to the warmer Pacific coasts of the United States and Mexico. The number of butterflies is so large that in many parts of their nesting grounds in California and north-western Mexico, the ground is almost completely covered with butterflies.

Arreglo del texto impreso

Normalmente, las impresoras arreglan los párrafos de tal forma que las palabras claves se encuentran en la sección media de las líneas. Como tal, el dar un vistazo a la página mientras pones atención a las áreas medias, puede ser muy eficiente. Tan pronto como has identificado la oración temática, puedes después decidir si quieres continuar con el resto del párrafo.

De esta forma, puedes reducir la cantidad de tiempo que gastas y concéntrate solamente en las partes relevantes.

Movimiento de la mando en zigzag

También puedes usar un movimiento de la mano en zigzag cuando das un vistazo en lugar del movimiento de abajo hacía arriba. El propósito de este movimiento es expandir tu enfoque mientras ves la oración temática y las palabras clave. Mueve tu mano desde la esquina superior izquierda, progresando suavemente a la derecha de la tercera línea. Ahora, mueve tu mano a la izquierda y hacia abajo hasta sexta línea simultáneamente, y así sucesivamente.

Ejercicio

Abre el libro con el que estás practicando. La meta aquí es dar un vistazo a 4 páginas usando tu mano como herramienta señaladora. Identifica la oración temática dentro de los párrafos individuales. Usa el movimiento de mano que te sea más cómodo.

Usando una regla

También puedes usar una regla para

guiarte en la vista rápida. Colócala justo debajo de la primera línea de la página, y ve la línea rápidamente buscando las palabras clave. Ahora, mueve la regla a línea subsecuente, y haz lo mismo.

Ejercicio

Abre el libro con el que estás practicando. La meta aquí es dar un vistazo a 4 páginas usando la regla como herramienta señaladora. Identifica la oración temática dentro de los párrafos individuales. Hasta ahora, llevamos tres técnicas de señalización entre las que puedes elegir para dar un vistazo en una página. Es recomendable practicar y sentirte cómodo cuando menos con alguna de ellas.

Esta sesión te mostrará los conceptos de la lectura active o dinámica. Las sencillas técnicas explicadas te ayudaran a aumentar tu promedio de comprensión mientras lees.

¿Quién es un lector dinámico?

Un lector activo se puede describir como alguien que lee un libro, revista o diario con la meta de obtener algo más de esa lectura. La mayoría de las veces cuando navegas a través de una revista, realmente no buscas una información específica.

Sin embargo, en otras instancias, puedes estar leyendo algo para expandir tu conocimiento en tu campo. En este caso, filtras la información que crees que te es más relevante, y eliminas el material irrelevante. En esencia, ser un lector dinámico significa que te preguntas cual es el propósito de leer el material, y poder dar la respuesta. Hay varias razones por las cuales puedes leer el texto: para revisar un artículo, tener una idea general, expandir tu conocimiento, o simplemente para entretenerte, como cuando lees una novela o un libro de bromas.

Antes de leer

Aquí están las preguntas más relevantes que tienes que contestarte de antemano:

*¿Cuál es tu propósito de leer el material?
¿Porque quieres leer ese artículo del diario, revista, o libro? ¿Tiene algo que ver con tu trabajo? ¿Estas buscando obtener alguna información que sea relevante para tu trabajo?

*¿Qué sabes acerca del tema que lees?

Cuando respondas esta pregunta, será más fácil construir sobre tu conocimiento actual de ese tema particular. Haras contacto con información antigua y con información nueva que te permitirá consolidar muchos más detalles de los que podrías tener.

Durante la lectura.

Mientras empiezas a leer, necesitas evaluar el material frente a ti. Aquí hay algunas preguntas que debes hacerte:

*¿Cuál es el tema actual de la discusión?

Asegúrate de entender la agenda principal de la párrafo actual, y su relación con el pasaje anterior.

*¿Cómo está organizado el material?

Observa la organización de la información. Hay muchas formas en las cuales se puede presentar la información: lo menos importante primero, lo más importante primero, causa y efecto, comparación cronológica, etcétera.

*¿Qué información es relevante?

Echa un vistazo al párrafo, busca las palabras clave y la oración temática.

Después determina su relevancia a tu propósito. Si no lo es, puedes simplemente saltarte el párrafo sin perder información importante.

*¿Cuál es el tema subsecuente?

Intenta predecir la información que te presentarán a continuación. El propósito de esto es crear conexiones más fuertes en tu memoria del material que has leído, así como del conocimiento que ya tienes, subsecuentemente asimilando más información nueva.

Después

*¿Encontraste lo que buscabas en tu lectura? ¿Obtuviste las respuestas que te hiciste antes de la lectura? Si no, ¿Qué resulto mal?

*¿Qué pedes hacer para mejorar el juicio de la información leída y seleccionar lo mejor para ti? Contestar esto te ayudará a elegir mejores materiales de lectura que contestarán tus preguntas la próxima vez.

Ejercicio

Lee dos páginas de tu libro de práctica usando las técnicas explicadas previamente. Ahora toma un descanso y piensa en la información que acabas de leer. Regresa al inicio de este paso e intenta contestar todas las preguntas en secuencia. Después le cuatro páginas más de tu libro de práctica, evaluando la comprensión de las preguntas. Además evalúa tu ventaja a la lectura previa.

Exercise

Read two pages from your practice book using the techniques explained previously. Now, take a break and think about the information you have just read. Go back to the beginning of this step and try to answer all the questions in sequence. Next, read four more pages from your practice book, evaluating your comprehension of the questions above. In addition, evaluate your advantage from the previous reading.

El rango y cantidad de información disponible en el Internet, o como texto digital, es vasto y puede ser gratificante y sobrecogedor al mismo tiempo. Una vez que has alcanzado y encontrado la información que buscas en Internet, la pregunta ahora es: como leer el contenido. ¿Lo leerás en línea o lo vas a imprimir? ¿Cuál es la mejor forma de abordarlo si decides leerlo en la pantalla?

Para la mayoría de la gente, leer un documento impreso es más rápido, fácil, más cómodo, y más familiar comparado a las pantallas de computadora. Sin embargo las cosas están cambiando. El aumento de número de personas que tienen computadoras, los avances en la tecnología de pantallas, y la caída de la edad en la que empezamos a leer desde las pantallas de computadora, todo influencia en las estrategias para leer texto digital. Recuerda que en la pantalla la velocidad de lectura combina tu promedio de lectura, así como tu velocidad en:

*Accesar y discernir a través de enormes cantidades de contenido digital.

*Procesamiento y evaluación de la precisión de esa información

*Comunicación usando el canal adecuado a las personas relevantes.

Leer es Leer

Cuando lees, sigues esencialmente los

mismos pasos, sin importar que leas un anuncio, sobre una losa de piedra, sobre una pantalla de computadora, o en un papel. Básicamente, tus ojos ven las letras que construyen palabras, y después tu cerebro intenta descifrar el significado de estas palabras. Esto puede sonar sencillo, pero probablemente te has dado cuenta de la diferencia significativa entre leer en un papel o leer en la pantalla, lo que afecta ultimadamente la experiencia y proceso de lectura.

Como hacer que tu material en pantalla se vea bien

El formato de lectura en pantalla influencia tu experiencia de leerlo. Es mucho más difícil leer el contenido que tiene letras muy juntas. Por otro lado, incrementar el espacio entre las líneas digamos a 1.5 o doble espacio, incrementa la legibilidad significativamente. Toma el siguiente párrafo como ejemplo.

La densidad general del material hace mucho más difícil de leer. La lectura se vuelve mucho más difícil de leer cuando es un texto digital

Tu lectura también se puede ver afectada por los márgenes del texto. Cuando está completamente justificado, el texto tiende a verse mejor, pero leer se hace más difícil ya que los espacios blancos en las líneas se pueden distorsionar.

La justificación a la izquierda es el formato más fácil de leer. Para mejorar tu velocidad de lectura en pantalla, alinea el material de lectura a la izquierda para un espaciado de 1.5.

Tu velocidad de lectura puede verse afectado por la longitud de una línea. Sorprendentemente, la longitud más recomendad para una línea de lectura no siempre es la más preferida. Tu velocidad de lectura es mayor cuando la longitud de la línea es de una longitud aproximada de 25cm, pero extrañamente, la mayoría de la gente usualmente prefiere líneas de entre 10 y 15 centímetros. De forma inversa, las líneas más cortas te pueden alentarte. Practica diferentes longitudes para encontrar tu preferencia.

Capítulo 7

Sugerencias para leer velozmente

Necesitas estar comprometido para aprender la habilidad y usarla seguido. Necesitas darte el tiempo para aprender las habilidades de leer velozmente practicando. Empieza con material del cual conozcas su contenido para permitirte aprender la habilidad y después puedes, gradualmente, avanzar hacia textos complejos. Para cuando aprendas la habilidad apropiadamente, estarás leyendo cualquier texto en segundos.

Cuando estés comenzando, usa un indicador para entrenar tus ojos para moverse a una pauta más rápida. Esto puede ser tu dedo, una regla o un separador de libros. Esta técnica puede continuarse usando tanto como sea requerido.

Documentos importantes como facturas, documentos legales o cartas médicas deberían ser leídos a completo detalle, usando la sub-vocalización, para asegurarte que entiendes cada palabra que está en el documento.

Documenta tu velocidad de lectura actual antes de practicar cualquiera de las estrategias de arriba. Esto te permitirá medir tu progreso y establecer objetivos de velocidad de lectura para ti mismo.

La lectura veloz requiere concentración prolongada e intensa porque estas enfocándote en el texto. Necesitas leer el texto y saber cuándo leer rápido y cuando hacerlo lento. Esto toma práctica.

No serás capaz de aprender a leer velozmente de una noche a otra. Hay muchas maneras distintas de aprender a leer velozmente y esperemos que esto te haya dado una perspectiva sobre que técnica funciona bien para ti.

Conviértete en un lector activo, no en uno pasivo. Indaga sobre el texto, conoce lo que quieres aprender al leer el texto y daté el tiempo para convertirte en un lector veloz.

Te deseo la mejor de las suertes en tu viaje hacia la eficacia en la lectura veloz. Realmente te dará una ventaja enorme en muchas áreas de vida y te permitirá pasar más tiempo haciendo lo que amas.

Recuerda; una vida sin pasión no es vida en absoluto, así que, toma el tiempo que te ahorraras a través de la lectura veloz y gástalo hacienda lo que amas. Nadie nunca mira en retrospectiva y dice que desearían haber pasado más tiempo haciendo cosas que odiaban, así que, comprométete en usar tu tiempo como lo haces con tu dinero; sabiamente.

Parte 2

Introducción

La lectura rápida es algo en lo que todos quieren mejorar. Muchos se topan con el problema en el que son demasiado lentos para sus gustos personales, y comienza a golpearlos más fuerte a medida que pasa el tiempo. Además, con la adición de tantos temas nuevos, es difícil no querer leer más rápido. Sin embargo, hay una manera de evitar esto, y este libro te ayudará. La lectura veloz y leer más rápido, ya no son solo un sueño, se pueden convertir en realidad.

Este libro contiene técnicas probadas para mejorar la velocidad de lectura. Mejorar la velocidad de lectura puede hacer mucho bien para usted, y es algo que puede obtener a través de este libro. Contiene técnicas simples, tanto mentales como físicas, para mejorar la velocidad de lectura. Es una excelente manera de ayudarlo a mejorar, y al final de esto, será el mejor lector veloz de todos los tiempos.

PARTE I:Arte de la técnica: Las formas probadas y no vistas para aumentar la

velocidad de lectura
(¡NO escriba nada aquí! Esto es simplemente una vista previa / breve sinopsis de los capítulos y secciones)

Capítulo 1: ¿Qué es la lectura veloz?

Lo primero que debe saber cuándo está tratando de mejorar la velocidad de su lectura es qué es. Hay ciertos aspectos sobre la lectura rápida que debe conocer, junto con los beneficios de la misma. Este capítulo repasará los aspectos básicos del mismo, junto con los beneficios de la lectura rápida para tener más éxito.

¿Qué es la lectura rapida?

La primera pregunta que debes hacerte cuando estás aprendiendo a acelerar la lectura, es ¿qué es la lectura rápida? En pocas palabras, la lectura rápida es una técnica de compensación que le ayudará a mejorar la velocidad de su nivel de lectura. En general, la mayoría de las personas solo leen entre 200 y 300 palabras por minuto, a veces incluso menos en algunos casos. Esto es problemático, ya que no está cerca de donde deberías estar cuando intentas leer. Usted puede leer hasta 1500 palabras por minuto en muchos casos, simplemente no ha aprovechado ese poder todavía. La lectura veloz es un conjunto de técnicas que le permiten leer rápidamente y obtener más información en menos tiempo. Es genial si desea aprender más, pero también si desea mejorar su propia velocidad de lectura sin arriesgar su comprensión.

La comprensión de lectura se originó en la década de 1950 por Evelyn Wood. Ella era una investigadora, que aprendió porqué algunos leían naturalmente más rápido y cómo usaba la lectura rápida para quedarse con la gente. Una vez ella se dio cuenta, después de mover su mano a través de la página, que sus ojos comenzaron a moverse más rápido y más suave a través de la página. Desde entonces, se ha utilizado como una actividad visual para capacitar a las personas para que puedan leer más rápido. Muchas veces las personas usaron imágenes para probar esto, pero ahora se usa con personas para ayudar a mejorar la velocidad de su lectura. Es una gran técnica, y al hacer esto, podrás leer más rápido.

Los beneficios

Los beneficios de esto son obvios. En primer lugar, cubres más material en menos tiempo. Muchas veces, la razón por la que muchos dejan de leer es porque no les gusta lo lento que es. La solución a eso, sin embargo, es la lectura rápida. La lectura rápida le permite readaptarse a una gran velocidad, pero también le permite obtener la información que desea obtener.

El otro beneficio es que cubrirás más y podrás entender más. Muchas veces, cuando lees demasiado lento, te aburres fácilmente y no obtienes tanta información. Esto lo mantendrá en vilo y, por este motivo, podrá seguir adelante y terminar el libro sin problemas. Y está comprobado que también aprenderá más, por lo que le conviene utilizar este conjunto de técnicas para mejorar la velocidad de lectura y la comprensión a un nivel en el que desee estar.

La velocidad de lectura puede ser cambiada por esto, y es algo que muchos deben hacer. Puede mejorar su velocidad de lectura, y este libro le mostrará cómo hacerlo. Al final de esto, serás un lector más rápido y podrás obtener más información que puedes utilizar para aumentar la inteligencia y tener una vida mucho más exitosa.

Capítulo 2: Técnicas para ayudarlo a acelerar la lectura

Lo siguiente que hay que aprender son algunas de las técnicas físicas que comprenden la lectura rápida. Hay algunas cosas que necesita aprender para acelerar la lectura para el éxito. La lectura rápida es algo que te ayudará a convertirte en un mejor lector, y al final de la misma, podrás lograr más de lo que nunca imaginaste. Este capítulo destacará algunas de las mejores técnicas de lectura rápida para el éxito que puede hacer físicamente.

Skimming (Barrida del Texto)

Esta es una de las técnicas básicas. Está repasando el material rápidamente y de manera muy superficial. Probablemente pueda obtener hasta 1500 palabras con esta técnica, pero hay algo que se sacrifica por ello. Esa es tu comprensión, y si estás leyendo algo para lo que tienes que tener una mayor comprensión, entonces esto podría no ser para ti. Aunque es una gran técnica, si quieres leer algo rápido pero sin tener que profundizar demasiado en él, entonces esto es para ti.

Meta Guiding (Guía Visual)
Esta es una forma de lectura veloz en la que usas tu dedo índice para guiar tus ojos a lo largo de un pasaje de texto. Puede usarlo para hacer que su ojo lo siga, y hará que su ojo se mantenga al día de forma natural. Algunas personas también usan bolígrafos también. Esto ayuda a acelerar su corteza visual y también aumenta su amplitud visual. Esto puede imprimirse en el consciente también, y prevenir la sub-vocalización. Es un medio eficaz de lectura rápida.

Software
Hay algunos programas de computadora que pueden ayudar con esto. Colocaron los datos allí, y fueron dividiéndolos en una secuencia para que usted los lea. La persona ve el centro de la pantalla mientras que las líneas de texto crecen más. Además miras varios objetos también, y trabajas para seguirlos. Hay algunas críticas acerca de que sea un método de entrenamiento cuando usas los objetos, pero elimina la vocalización secundaria y mejora la velocidad de

lectura.

Eliminando distracciones

Mientras haces esto, para leer más rápido, debes eliminar las distracciones internas. Las distracciones son las que hacen que disminuyas la velocidad, y pueden ser cualquier cosa desde algo tan grande que sucedió en el área hasta escuchar una pequeña melodía en tu cabeza. Mediante la eliminación de esto, usted será capaz de tener un mejor momento al leer, y usted puede ayudar a eliminar los problemas que puedan surgir utilizando esto.

No hables, solo lee

Este es uno que es mucho más difícil de lo que piensas. Para hacer esto, debes leer, pero no digas las palabras en voz alta. Comúnmente, muchas personas se encuentran con el tema de decir lo que están leyendo en voz alta a pesar de que no tienen la intención de hacerlo. Se convierte en un problema para muchos, porque entonces eso naturalmente se convierte en la velocidad de lectura a la que están. Sin embargo, en lugar de hacer eso, solo lee para ti mismo y no dices cosas. Va a ir más rápido, y definitivamente puedes ser mucho más rápido en esto.

Eliminando el barrido hacia atrás

El barrido hacia atrás es algo que muchos hacen. Leerán un pasaje y luego volverán a leerlo de nuevo porque se "perdieron" algo. Esta es una práctica común, pero crea problemas para muchas personas. En lugar de hacer eso, debes trabajar para continuar y no volver a donde estabas antes. Compensa casi el 30% de la velocidad de lectura, por lo que eliminar esa tarea innecesaria también puede hacer algo bueno para usted. Es importante hacer esto, porque si puedes manipular tu velocidad de lectura, podrás ir mucho más rápido.

La velocidad de lectura es algo que muchos no saben cómo aumentar. Pero, con estas técnicas aquí, puedes hacerlo físicamente y podrás tener una experiencia mucho mejor gracias a ello.

PARTE II: Hábitos diarios: aumenta tu

velocidad de lectura todos los días, con un desafío de 21 días
(¡NO escriba nada aquí! Esto es simplemente una vista previa / breve sinopsis de los capítulos y secciones)

Capítulo 3: Hábitos diarios para mejorar la velocidad de lectura

Hay cosas que puede hacer todos los días para ayudarlo a convertirse en un mejor lector veloz La lectura rápida es una gran cosa para usar, especialmente cuando se trata de aprender algo. Puedes usar estos diferentes hábitos y formarlos para ayudarte a convertirte en el mejor lector veloz que puedas ser. Al final, podrás leer más rápido de lo que pensabas antes, y también puedes mejorar tu capacidad para retener información en este sentido. Este capítulo repasa algunos de los hábitos diarios importantes para hacer que la lectura rápida sea una realidad para usted.

Leer libros

Lo más obvio que debes tener para convertirse en un hábito es leer libros y obtener información. Date la oportunidad de leer diferentes libros y trabaja para leerlos cada vez más rápido. Si desea mejorar su capacidad para acelerar la lectura, una de las mejores maneras de hacerlo es elegir un libro que pueda leer por diversión y comenzar a utilizar las técnicas que se le ofrecen. Es una excelente manera de permitirle leer más y, a través de él, puede convertirse en el mejor lector veloz posible, y también hará que mejore su capacidad de comprender los datos. No tenga miedo de leer, incluso si solo dura 15 minutos al día.

Establecer un ritmo

Una técnica que puede usar es establecer un ritmo para leer libros. Puedes decidir que en un determinado momento, estarás en esta página del libro. Luego puede leerlo, y en ese punto, podrá leer aún más rápido y mejorar en la lectura rápida. Si haces eso, te acostumbrarás a ese ritmo.

No te molestes con las cosas pequeñas

A veces, cuando estás leyendo, querrás mirar los pequeños detalles que realmente no importan. En su lugar, simplemente ignóralos y continúa leyendo. Cuando esté leyendo a gran velocidad, haga esto y podrá leer el libro más rápido sin tener que preocuparse por un pequeño detalle.

Si realmente te molesta, no te detengas. Solo continúa leyendo, y pronto verás que es mejor ignorar los pequeños detalles y continuar con la historia.

Pruébate

Si tienes curiosidad, puedes ponerte a prueba para ver si puedes leer tan rápido. Tal vez durante los primeros días tenga una prueba para ver cuánto puede hacer en una hora. Haga eso, obtenga un estimado exacto en las páginas que lee, y luego divídalo por 60. Al hacer esto, podrá ver cuánto se hizo cuando estaba leyendo, y también llegará a mira cuántas palabras por minuto puedes leer. Abre los ojos y lo preparará para ir cada vez más rápido con cada día y con cada libro.

Todas estas técnicas le permitirán leer más rápido y obtener más información. Es importante tener todos estos diferentes hábitos, ya que cuantos más hábitos domines, mejores serán las cosas. Usted puede leer por obtener velocidad, y podrás hacer más cosas gracias a esto.

Capítulo 4: El desafío de 21 días para mejorar la velocidad de lectura

Entonces está la capacidad de mejorar su velocidad de lectura en solo tres semanas. Puedes, y es un desafío en el que cualquiera puede trabajar. Es realmente simple, y durante las tres semanas que lo haga, estará trabajando para mejorar la velocidad de lectura que sabe y desea mejorar. La velocidad de lectura lo es todo, y querrás asegurarte de tener una rápida para que puedas obtener más información. Este conjunto de técnicas y el proceso de hacer esto funcionarán, y al final de la El motivo porque esto funciona es bastante simple. Cuando intenta crear un hábito, un promedio de aproximadamente tres semanas será suficiente. Ese es el tiempo que necesita antes de poder hacer un hábito una realidad. Por lo general, se trata de esa longitud, aunque a veces es mucho más larga si realmente estás luchando con esto. Pero para un hábito como la lectura rápida, solo tienes que hacerlo durante una semana y será suficiente. Es divertido y lo ayudará a usted inmensamente.

Hacer esto entrenará a tu cerebro a leer rápido. Al principio, puede que te preguntes si te estás volviendo loco debido a la gran cantidad de trabajo duro que tienes que poner en ello. La verdad del asunto es que va a ser difícil y solo tendrá que trabajar con ello. Sin embargo, funciona, por lo que al final de la misma, podrás tener una mejor experiencia, y algo más que valga la pena.

¿Cómo hacerlo?

Cómo lo haces es realmente simple. Cuando estés leyendo, emplearás ciertas técnicas, agregando más a medida que pasa el tiempo. Pasará de ejercicios simples a ejercicios que aumentan la dificultad y también podrá pasar un buen rato haciéndolo. Es una forma divertida de ponerte en marcha y es una excelente manera de estar listo para la lectura veloz para el éxito.

Semana uno: En la primera semana, toma material de lectura simple y trabaja para deshacerse de las distracciones. Lee temprano en el día, y que sea un libro divertido. Usa tu dedo o bolígrafo para guiarte y leer más rápido. Mantenga sus ojos fijos y moviéndose hacia abajo en el texto. Esto puede tomar un par de intentos para conseguirlo, pero lo obtendrá pronto en poco tiempo.

Segunda semana: haz lo mismo, pero pasa al material más duro que es mucho más largo. Establecer una meta para una cierta cantidad de páginas cada día. Continúa haciendo esto, asegurándote de que no te detengas por ningún motivo. Puede ser difícil de dominar, pero una vez que lo tengas, pronto tendrás una mayor velocidad de lectura.

Semana tres: ahora es el momento de entrenar tus ojos para que se muevan a la velocidad de un rayo. Trabaje para leer 500 palabras por minuto, así que elija un libro que tenga tantos en cada página. Trabaje para dominar eso, junto con las técnicas utilizadas anteriormente, y pronto podrá tener una velocidad de lectura más rápida de lo que nunca imaginó. Se recuperará y, al final, se convertirá en el mejor lector veloz que pueda ser, y todo se debe a estas increíbles técnicas.

Estas técnicas mejorarán su capacidad para tener una agradable experiencia cuando se trata de la lectura veloz. Puede hacer esto en tres semanas, y al final de la misma, se sorprenderá de las enormes diferencias que el uso de estas técnicas puede hacer por usted.

PARTE III: Las cosas más profundas; Procese la información más rápido y mejore su velocidad mental, ¡con trucos secretos incluidos!

(¡NO escriba nada aquí! Esto es simplemente una vista previa / breve sinopsis de los capítulos y secciones)

Capítulo 5: Técnicas de lectura rápida que funcionan para cualquiera

A veces, simplemente hacer las técnicas en físico de lectura veloz puede no ser suficiente. Puede haber otras cosas que deba romper antes de poder convertirse en un lector veloz efectivo. El problema con muchos, es que están adoctrinados a una cierta velocidad de lectura de ahí en adelante.Puede ser útil entonces, pero eso sigue atormentándote después de que termine la clase. Sin mencionar, también hay algunos hábitos que tiene esa forma debido a la presión del maestro, y estos se mantendrán cuando esté tratando de mejorar la velocidad de lectura. No es bueno tenerlos, y debes trabajar para eliminar ciertas técnicas que te enseñan en la escuela. Este capítulo explicará cómo ayudar a mejorar la lectura rápida en personas que tienen el problema de verse obligados a pensar de cierta manera en la escuela, junto con ciertos malos hábitos que debe evitar cuando se trata de lectura rápida.

No resaltar

Un error común que muchas personas se mantienen cerca cuando intentan aprender a acelerar la lectura es resaltar cosas. Resaltar no es una buena técnica para tener cerca cuando se está leyendo a gran velocidad. La razón de esto es que el resaltado en realidad ralentiza la velocidad de lectura. Resaltar significa que no desea aprenderlo ahora mismo, pero volverá más adelante. Eso significa que lo estás leyendo dos veces, lo cual es contraproducente. En lugar de eso, solo tira el marcador y lee.

Apuntes

En lugar de resaltar, una excelente alternativa es tomar notas inmediatamente después de leer cada pieza que tienes que leer. Esto le permitirá obtener la información que necesita a la mano. También es genial, porque si así lo necesitas más adelante, no tendrás que volver al texto para obtenerlos.

Avance

Una forma de mejorar la velocidad de

lectura es pre visualizarla. Mira lo que es, y luego, después, sólo tiene que tocar sobre ella. No tiene que pensar que cada pieza de información es la cosa más importante de la historia. La mayoría de las veces no lo es, y en cambio se convierte en algo trivial y olvidado. Obtenga una vista previa, vea qué es y luego pase a la siguiente parte.

Ángulos de libros

Un ambiente de lectura adecuado es importante. La mayoría de las veces, probablemente leerá con la cabeza colgando, en lugar de tenerla en un ángulo de 45 grados. Esto causa tensión en el cuello y sus ojos también se tensarán. Al leer en el entorno adecuado, mejorará su velocidad de lectura y reducirá el dolor que podría impedirle leer más rápido.

Formulando preguntas

Cuestionar el material y convertir los encabezados y subtítulos en preguntas es una forma segura de mejorar la velocidad de lectura. Para hacer esto, mira los encabezados y subtítulos. Entonces, conviértelo en una pregunta. Luego, escaneas el libro en busca de una respuesta. Entonces podrá mejorar su velocidad de lectura, pero también estará más centrado en el material.

Temprano

No te quedes despierto hasta las 5 am tratando de leer algo. Sin embargo, levantarse y leer a primera hora de la mañana o temprano en el día será mucho más beneficioso para usted. Si haces esto, estarás más concentrado y menos preocupado de que el cuerpo esté cansado. Esto también duplicará su velocidad de lectura, junto con la mejora de la concentración que tiene. También le permitirá discernir cuál es el material importante al leerlo a primera hora de la mañana.

La velocidad de lectura se puede cambiar a través de esto, y es una excelente manera de hacerlo. Tome el control de la velocidad de su lectura con este útil conjunto de consejos, y le ayudará a deshacerse de los malos hábitos que todos tienen y los atormenta al tratar de leer.

Capítulo 6: Trucos mentales para aumentar la velocidad de lectura

A veces, no siempre es preocupase por una cuestión física cuando se trata de acelerar la lectura. A veces también puede ser un problema mental. Las aflicciones mentales y físicas asociadas con la lectura veloz pueden deprimir a una persona, pero hay maneras de hacerlo. Puede mejorar su capacidad para acelerar la lectura, y también podrá tener un mejor momento cuando se trata de mejorar su propia lectura rápida. La lectura veloz es algo que no es solo un problema físico, sino que también es un problema mental. Estos son algunos de los mejores trucos mentales para ayudarlo a acelerar la lectura.

Estar ojo alerta

Una manera de realmente animarte cuando intentas mejorar tu velocidad de lectura es pensar que hay una fecha límite. Estar en alerta es uno de ellos, y hacer eso, como asegurarse de que se haga algo en un momento determinado, crea una sensación de urgencia en su cuerpo. Luego puede leer cada vez más rápido y, al hacerlo, obtendrá más contenido. Simplemente piense que tiene que estar alerta por cualquier motivo, y esto puede marcar la diferencia en su capacidad de lectura, junto con la velocidad de su lectura.

Estar estresado

Junto con eso, está la capacidad de estar estresado. El estrés es algo que es malo en grandes cantidades, pero con un poco de estrés, puedes hacer mucho más. El estrés impulsará tu cuerpo y lo pondrá en marcha, y también aumentará tu capacidad mental. Siente que tienes que hacer esto o no, y estarás más centrado en la información. Hacer esto a un ritmo relajado no lo hará más rápido, de hecho, lo hará más lento.

No te estreses en las palabras

Un problema mental común con muchos es el énfasis en las palabras. Las palabras son importantes. De hecho, los necesita para formar oraciones, pero algunas personas comienzan a sentir que deben enfocarse en una cosa y en una sola cosa. Si puedes, solo sáltala. No te estreses pensando que debes saber las palabras para algo. En su lugar, solo sigue leyendo, y no te preocupes por eso a menos que sea algo de extrema importancia.

Sub vocalización

Un gran problema con muchas personas que leen rápidamente es que intentan decir todo lo que piensan. Piensan que deberían decir todo sin pensarlo realmente. La sub vocalización es algo que muchos usan cuando no pueden leer las cosas de manera efectiva, pero es un problema mental que muchos sufren. En vez de eso, deja de decirlos en voz alta y mantenlos para ti mismo. Así es mucho más fácil, y podrás leerlo mucho más rápido.

No tengas miedo de las prisas

A algunos les puede no gustar la velocidad que están leyendo. Pueden pensar que es extraño, o algo de lo que no quieren ser parte. En lugar de pensar que la carrera de la velocidad es mala, abrázala. Sigue avanzando y podrás tener un mejor momento también. No tenga miedo de tener una unidad para continuar con la lectura rápida, en lugar de eso, trabaje con él y diviértase.

La lectura veloz es algo que podría extrañarte al principio. Puede ser un poco intimidante, pero en realidad, es un método para mejorar tu habilidad de lectura y hacerte mucho más rápido. No tengas miedo de tener un impulso para continuara la nueva sensación, y al final de la misma, también podrá tener una mejor velocidad de lectura y muchas más habilidades también.

Conclusión

¡Gracias de nuevo por descargar este libro! Espero que este libro haya podido ayudarte.

El siguiente paso es aplicar lo que has aprendido.

www.ingramcontent.com/pod-product-compliance
Lightning Source LLC
Chambersburg PA
CBHW071902070526
44583CB00016B/1811